Dann kommt der Berg eben zu den Propheten!

AF138925

Jens-Jörg Plep

Dann kommt der Berg eben zu den Propheten!

Bibliografische Information der Deutschen Nationalbibliothek:
Die Deutsche Nationalbibliothek verzeichnet diese Publikation in der Deutschen Nationalbibliografie; detaillierte bibliografische Daten sind im Internet über http://dnb.dnb.de abrufbar.

Herstellung und Verlag: BoD – Books on Demand, Norderstedt

ISBN: 978-3-7392-2123-6

Inhaltsverzeichnis

Sei gegrüßt, Phönix!

Was ist das wohl für ein Gefühl, wenn man denkt, dass vom eigenen Leben - nach dem Tod der sterblichen Hülle - nichts als Staub übrig bleibt? Selbst falls man an ein Leben nach dem Tod glaubt – macht etwa ganz viel Staub die Sache wirklich besser? Oder meinst du vielleicht, dass tote Dinge jemals die geistige Größe eines lebendigen Menschen erreichen können?

Die Momente, in denen du ganz allein bist auf der Welt, legen einen dunklen Schleier über dein Leben – so positiv kann man gar nicht denken, um diesem Gefühl zu entkommen. Verbunden damit ist eine latente Angst vor dem letzten Atemzug und manchmal auch vor schlechten Neuigkeiten. Es geht mich nichts an, was du an dieser Stelle glauben oder tun willst – mir jedenfalls hat Gott den Weg heraus aus dieser Dunkelheit gewiesen, mehr als ein Gebet war dazu nicht nötig.

Gerade habe ich versucht, mir vorzustellen, wie du so bist. Das kann natürlich nicht komplett funktionieren, aber einiges weiß ich schon. Du bist wundervoll und einzigartig, so etwas wie dich gab es noch nie! Wenn du lächelst, wird sogar die Sonne neidisch. Du bist klug genug um nicht alles zu glauben, was man dir über die Welt und die Menschen erzählt. Deine Träume und Fantasien kennen keine Grenzen, sie sind endlos. Es sind so großartige Menschen wie du, die schon bald den Himmel auf die Erde holen werden.

Du würdest mir eine große Ehre erweisen, wenn du mich in Gedanken auf einer Reise zu neuen Ufern begleitest. Das meine ich wörtlich, denn am Ende des Buches wird deine Welt eine andere sein als je zuvor. Das liegt nicht etwa an mir, sondern daran, dass unser Alltag vollgestopft ist mit Halb- und Unwahrheiten, die den Blick auf das wirklich Wichtige im Leben derart erschweren, dass viele Menschen die Suche danach aufgegeben haben.

Mit solcher Halbherzigkeit wird niemand glücklich – es gibt bessere Wege. Falls es dir noch nicht bewusst ist: In unseren Herzen ist dieser göttliche Funke, der alles verändern wird, bereits angekommen – du kannst es fühlen und ich fühle es auch. Ohne diese große Sehnsucht nach Leben und Liebe wird man es wohl nicht schaffen, mehr als Staub zu hinterlassen. Bei dir bin ich aber guten Mutes, denn ich bin eine ehrliche Haut. Und wenn ich dir erkläre, dass ich dich für ein unvergleichliches Wunder halte, sage ich das nur, weil ich fest davon überzeugt bin. Ich finde, man sollte jeden Menschen so behandeln.

Die Suche nach einfachen Antworten und verbindlichen Fakten war bereits oft der Anlass für das Verbreiten von falschen Informationen. Allein schon der Gedanke an die Wahrhaftigkeit der „Welt da draußen" erweist sich bei genauerer Betrachtung als Illusion. Vielmehr arbeitet der menschliche Verstand mit einem individuell durch das Unterbewusstsein verzerrten Modell des Universums in bestimmten Teilen des Gehirns. Würde man nun bei einer Testperson die Nervenstränge zu allen Sinnesorganen durchtrennen, wäre eine geruch- und geschmacklose Welt von totaler Finsternis und Stille das Ergebnis in der Wahrnehmung der Versuchsperson. Auch wenn diese Erkenntnis für dich nichts Neues sein sollte, sind doch die Konsequenzen dieser Tatsache weitreichend.

Seriöse wissenschaftliche Versuche haben gezeigt, dass Probanden den Körper einer Puppe für den eigenen hielten, wenn ihnen dies durch eine Spezialbrille vorgegaukelt wurde. Und das war freilich nicht der einzige Versuch dieser Art. Das Fazit ist nicht gerade schmeichelhaft für uns: Unser Weltbild ist komplett davon abhängig, was uns durch die Sinnesorgane und die zwischengeschalteten unterbewussten Filter als „die Realität" präsentiert wird.

Menschen brauchen nun mal eine gewisse Sicherheit im Leben, eine vollständig „unechte" Welt taugt da nicht viel. Ein einzelner Mensch kann eine solche Sicherheit leider nicht bieten, auch größere Gruppen erreichen dieses Ziel immer nur annähernd. Das ist dann auch der Grund dafür, dass ohne **Vertrauen** gar nichts läuft, es ist für uns von zentraler und existenzieller Bedeutung.

Und nicht zu vergessen: Eine vollkommene Wahrheit ist für das menschliche Denken unerreichbar, ansonsten ist nichts unmöglich! Es wird auch nicht alles beim Alten bleiben: Einerseits entwickelt sich die Menschheit weiter und andererseits ist die Wahrscheinlichkeit, dass die Weltsicht der meisten Menschen signifikant unvollständig ist, immerhin noch groß genug, um beachtet zu werden.

Wenn unser begrenztes Wissen nicht weiter hilft, bemühen wir gern die Fantasie – das ist naheliegend. Doch selbst dabei kann man schnell an die eigenen Grenzen stoßen. Ein Beispiel: Es gilt als erwiesen, dass die von Kernphysikern ermittelten Größenverhältnisse in Atomen korrekt sind. Danach besteht alle Materie zu über 99,99% aus Nichts – kannst du dir das etwa <u>bildlich</u> vorstellen? Ich fürchte, es bleibt auch dann schleierhaft, wenn man sich noch unsichtbare Felder in den Atomen denkt.

Bei allem Fortschritt sollte man sich klar machen, dass es immer noch beachtliche Hürden bei der Einführung neuer Erkenntnisse in die Bildungssysteme (Paradigmenwechsel) gibt. Manchmal habe ich den Eindruck, dass heute immer noch Hexenverbrennungen an der Tagesordnung wären, wenn das nicht strafbar wäre. So wird auch von mehreren Seiten die Existenz eines kollektiven Bewusstseins konsequent bestritten, obwohl die zugehörigen Forschungsergebnisse <u>eindeutig</u> sind. Denk doch mal bitte an die Entdeckung des Elektromagnetismus: Während sich die damaligen Verfechter der neuen Ideen schlimmste Beleidigungen anhören mussten, weiß heute jeder Vorschüler, dass elektrischer Strom existiert.

Wahrscheinlich hast du auch als Kind ein Bild zum Thema „Zukunft" gemalt oder einen Aufsatz darüber geschrieben. Kannst du dich noch erinnern, wie du damals deine Zukunft gesehen hast?

Für mich waren fliegende Autos so etwas wie eine Minimalforderung, ein Raumflug fand mindestens einmal im Urlaub statt und natürlich waren alle Menschen Freunde. Obwohl ich diese Dinge völlig ernst meinte, habe ich nicht einmal „Au!" gesagt, als Erwachsene meine Träume zertrampelten. Auch anderen Kindern erging es so und wir glaubten, dass das so sein muss. Immerhin sind Träume kostenlos – oder unbezahlbar. Wer weiß das schon?

Mit einem bisschen Glück und Bemühung werden wir neue Träume haben – hoffentlich sind ein paar richtig gute dabei. Damit meine ich nicht nur nächtliche Schlafträume, sondern auch Wachträume und Visionen.

„Die Freiheit der Fantasie ist keine Flucht in das Unwirkliche; sie ist Kühnheit und Erfindung."
Eugène Ionesco, Schriftsteller

Und während wir mit dem Internet im Sekundentakt Milliarden von Einzelinformationen um den Globus jagen, wächst in unserem Unterbewusstsein ein **neues Denken und Fühlen** heran. Wenn du dir klar machst, dass es diese Entwicklung wirklich gibt, wird dich der Gedanke daran nicht mehr loslassen – und das ist gut so. Es ist aber kein Zufall, dass solche Betrachtungen nicht in der Schule gelehrt werden. Das Ganze hat System und nennt sich Herrschaft.

Neulich habe ich im Web ein Foto gesehen, auf dem eine junge Mutter mit Freudentränen in den Augen ihr Neugeborenes in die Kamera hielt. Das Bild hat mich sehr berührt, obwohl ich bis jetzt nicht weiß, aus welchem Teil der Welt das Foto kam. Hoffentlich war die Aufnahme nicht illegal – es könnten ja sonst diplomatische Verwicklungen entstehen! Sicher kennst du auch mehrere Beispiele dafür, welche absurden Dinge uns von dem ganzen Polit-Theater zugemutet werden. Lass dich bitte nicht zu sehr davon beeindrucken: Wo wir sind ist vorn!

Unabhängig davon, ob du seriöse wissenschaftliche Informationen bevorzugst oder lieber den Worten eines Geistlichen zuhörst: Wir haben allen Ernstes vor, den Tod zu besiegen und damit einen großen Menschheitstraum wahr werden zu lassen! Und wir machen das nicht erst seit gestern, allerdings ist nicht immer allen Menschen bewusst, was da gerade mit uns geschieht. Wie der sagenhafte Feuervogel Phönix werden wir immer wieder neu geboren, jedes Mal etwas sensibler, schlauer, schöner und größer. Ich bin darauf genau so gespannt wie du. Mit den Fragen, wie das alles sein kann und warum du mir in dieser Sache vertrauen kannst, werde ich dich nicht alleine lassen.

Bewusstsein? Bewusst machen!

Sehr viele Generationen von Forschern, Philosophen und Geistlichen haben sich bereits mit diesem Thema befasst, dementsprechend ist die verfügbare Menge an Information riesig. Wie in dem Sprichwort „Viele Wege führen nach Rom."

kommt es mir nur darauf an, dass die hier erläuterten Zusammenhänge auch mit veränderten Teilaspekten zum gleichen Ergebnis führen.

Das <u>entscheidende</u> Faktum zum Verständnis vieler moderner Weltsichten ist der Umstand, dass Bewusstsein (auch) außerhalb menschlicher Köpfe existiert und wirkt. Dieses universelle Bewusstsein versteht sich unter anderem als „Geist" im Sinne des folgenden Zitats:

„Jeder, der sich ernsthaft mit der Wissenschaft beschäftigt, gelangt zu der Überzeugung, dass sich in den Gesetzen des Universums ein Geist manifestiert, ein Geist, der dem des Menschen weit überlegen ist und angesichts dessen wir uns mit unseren beschränkten Kräften demütig fühlen müssen."

Albert Einstein ('The Human Side', Princeton University Press, 1979, S. 33)

An dieser Stelle wird sich mancher Gläubige fragen, ob ihm das nicht bekannt vorkommt. Mir steht es nicht zu, dem genialen Denker etwas in den Mund zu legen, was er so nicht gesagt hat. Allerdings sind ein paar Parallelen zur Bibel meines Erachtens kaum zu übersehen. Etwas konkre-

ter sind da einige führende christliche Wissenschaftler – ihre Darstellungen findest du in großer
Zahl auf allen Internet-Portalen, die sich mit der
Thematik befassen. Das Vergleichen der Beiträge
kann dich dabei vor „schwarzen Schafen" schüt-
zen.

Obwohl es verschiedene Definitionen von
„Glauben" und „Wissen" gibt, werde ich mich
auf diese Sachverhalte einlassen – ich bin mir
sicher, dass du mich trotzdem verstehst.

Für das was in der Wissenschaft gemeinhin als
universelles Bewusstsein verstanden wird, gibt es
in den Religionen mehrere unterschiedliche Be-
zeichnungen (zum Beispiel: „Göttliche Weisheit"). Dadurch wurde ein wichtiger Bestandteil
des Glaubens gleichermaßen zu einem Objekt des
Wissens – das hat Folgen.

Eine solche Konsequenz ist es, dass (zumindest bei diesem Thema) ein Unglauben nicht das-
selbe ist wie eine Wissenslücke. Sicher kann man
auch Bildung insgesamt ablehnen, allerdings gilt
eine solche Haltung bei einer überwältigenden
Mehrheit der Menschen als „sehr unvorteilhaft".
Die Zeit ist reif für ein neues Denken.

In mehreren Diskussionen kam mir zu Ohren, dass diese unsere Welt ohnehin schon kompliziert genug sei, so dass potenziell zukunftsträchtige Gedanken kein Mensch mehr verstehen könnte. Das Gegenteil ist der Fall – während gläubige Menschen mit ihrem Gottvertrauen prima zurechtkommen, gilt für diverse Vordenker immer noch die alte Weisheit, dass sich das wirklich Geniale im Einfachen manifestiert.

Dein ganzes Denken und Fühlen („Ego") ist ein Bestandteil des universellen Bewusstseins, die Fähigkeit zur Kommunikation damit ist angeboren. Das bedeutet aber nicht, dass eine bestimmte Person zwangsläufig darüber Bescheid weiß – eine große Rolle spielt dabei die Erziehung und natürlich die Bildung. Ähnlich wie bei einem stillen Gebet ist es jedoch ein hoffnungsloses Unterfangen, einem willensstarken Menschen diese Möglichkeit ausreden zu wollen. Wenn du erst einmal diese Gedanken verinnerlicht hast, wirst auch du erleben, dass es ein großartiges Gefühl ist, ein Teil dieser wunderbaren, zeit- und grenzenlosen Intelligenz zu sein. Was den geistlichen Aspekt anbelangt, kann ich dir versichern, dass Gott an dich glaubt – immer und überall.

"In der Natur ist alles mit allem verbunden, alles durchkreuzt sich, alles wechselt mit allem, alles verändert sich eines in das andere."

Gotthold Ephraim Lessing (1729-1781)

Das persönliche Erleben der Teilhabe am universellen Bewusstsein ist so verschieden wie die Menschen selbst. Es gibt dabei allerdings zwei Extreme, die bei näherer Betrachtung durchaus einen Sinn machen können. Da wäre zum einen die weltanschauliche Ohnmacht („Ich bin einfach so klein und bedeutungslos – winziger als ein Staubkorn angesichts der göttlichen Größe!"). Das andere Extrem ist der Größenwahn („Ich bin Gott!"). Natürlich gibt es zu beiden Positionen jeweils auch eine nicht-religiöse Version.

Dir kann ich nur empfehlen, mit solchen Ideen äußerst vorsichtig umzugehen, denn es sind leider immer noch „verbotene" Gedanken. Es ist sehr unwahrscheinlich, dass man mit entsprechenden Aussagen in der Öffentlichkeit zum Präsidentenstuhl oder zum Kanzleramt gelangt. Dabei hat doch jeder noch so große Boss irgendwann mal Windeln getragen. Wieso solltest denn ausgerechnet DU nicht zu großen Taten fähig sein? Und wie sollst du in Erfahrung bringen, welche herausragenden Fähigkeiten du hast, wenn du nicht darüber nachdenken darfst!

Wenn du deinen eigenen Weg gehen möchtest, habe ich einen Vorschlag, wie du diesen finden kannst. Damit verläufst du dich mit Garantie nicht auf dem riesigen „Markt" der Ideologien, wo (fast) jeder sein eigenes Weltbild als „das Ultimative" anbietet.

Als ich in den 1990er Jahren erleben musste, dass meine gesamte Weltanschauung wie ein Kartenhaus zusammenbrach, habe ich mir geschworen, nie wieder irgendwelchen selbsternannten „Heilsbringern" hinterher zu rennen.

Zunächst sammelte ich Informationen über die verschiedensten Philosophien und Religionen. Dabei achtete ich sehr genau auf die Verlässlichkeit der Quellen – alles kam auf den Prüfstand und nur mehrfach unabhängig bestätigte Informationen bekamen einen Platz auf meinem Notizblock.

In einem zweiten Schritt formulierte ich meine Ansprüche an ein eigenständiges, einfaches und praktisches Weltbild. Dann kam ich noch zu der

Einsicht, dass auch ein paar Randbedingungen zu beachten sind. Beispielsweise begegnet man einer Gottheit mit Respekt, denn wer sich für schlauer hält als Gott, ist nicht genial, sondern braucht Hilfe.

Die nachfolgenden Beschreibungen sind zweideutig. Einerseits habe ich damals so zu mir selbst gesprochen, andererseits ist es beabsichtigt, dass du diese Worte persönlich nimmst.

In einem Wettbewerb oder Spiel, bei dem du selbst die Regeln machst, kannst du <u>immer</u> gewinnen. Generell gilt das für die Regeln des Denkens und Glaubens, in der gesellschaftlichen Praxis wirst du nicht in jedem Fall diese Möglichkeit haben.

Es ist völlig legitim und sinnvoll, wenn du für die Richtigkeit grundlegender Sachverhalte Beweise verlangst. Was du für deine persönlichen Belange als Beweis akzeptierst, bleibt dir selber überlassen. Im Gegensatz dazu sind in öffentlichen Angelegenheiten oft bestimmte Definitionen bindend.

Der einzige Mensch, dem du in jedem Fall voll vertrauen kannst, bist du selbst. Du kannst dich nicht selbst betrügen, auch wenn es manchmal so scheint. In Wirklichkeit erkennst du jeden „Selbstbetrug" – möglicherweise auch nur unterbewusst oder emotional. Sonst würde man es ja nicht Betrug nennen. Auch heute noch denke ich, dass man mit dieser simplen und einleuchtenden Basis bei der geistigen Selbstfindung gar nichts falsch machen kann.

Nachdem die Grundlagen geklärt waren, ging ich an die Bewertung von verschiedenen Antworten auf Fragen, die für mich wichtig waren. Als ich nach vielen Stunden damit fertig war, stellte ich mit Erstaunen fest, dass ich die meisten Punkte an Antworten vergeben hatte, die aus der Bibel stammten. Aus heutiger Sicht vermute ich mal, dass du nur gründlich genug in der Bibel suchen musst, um zum gleichen Ergebnis zu kommen. Jedenfalls war mein Interesse für den christlichen Glauben geweckt.

Um konsequent bei der Sache zu bleiben, brauchte ich nun etwas sehr Umstrittenes: Einen Gottesbeweis. Um die angestrebte Unabhängigkeit beizubehalten, musste ich mir etwas Eigenes einfallen lassen. Es war schon Nacht und ich war allein in meinem Zimmer. Trotzdem hatte ich ein seltsames Gefühl, denn gleich würde ich zum ersten Mal im Leben zu Jemandem sprechen, den man nicht sehen kann. Leise sprach ich dann: „Lieber Gott, wenn es dich wirklich gibt, schicke mir bitte ein Zeichen! Gleich werde ich in die Küche gehen und das Radio einschalten. Dann möchte ich das Lied „Another Day In Paradise" von Phil Collins hören. Bitte schenk mir dieses kleine Wunder!"

Das tat ich gleich danach. Ich war wie geschockt, als ich erlebte, dass genau dieses Lied im Radio erklang – und zwar nicht irgendwo mittendrin im Titel, sondern mit dem ersten Ton beginnend!

Am nächsten Tag besorgte ich mir die Playlist von diesem Radiosender und ermittelte damit, dass der Song am vorigen Tag dreimal gespielt wurde. Weil das Ereignis sekundengenau eintrat, ergab sich damit eine Wahrscheinlichkeit von 99,996527% zugunsten des Wirkens einer unsichtbaren Intelligenz, die sich mit „Gott" angesprochen fühlt. Das genügte mir völlig, um mich für alle Zeit in Gottes Hand zu begeben.

Natürlich kenne ich die nie enden wollenden Argumente gegen diese Sicht der Dinge und die zugehörigen Debatten. Es ist manchmal schon lustig, welche sprachlichen Verrenkungen diverse Skeptiker an den Tag legen, um persönlich nicht als Wunder zu gelten. Lieber halte ich mich da an Juristen, bei denen bekanntlich mit einer solchen Wahrscheinlichkeit „die Vaterschaft als erwiesen" gilt – nach meinen Regeln ist damit die Diskussion beendet.

Gegenwärtig erleben wir, dass eine Krise die andere jagt und der Schulden-Irrsinn ständig neue Rekorde produziert.

Die Börsenkurse zittern wie die Fieberkurve eines sehr kranken Patienten und Angst macht sich breit.

Lass dich bitte nicht auf derartige Argumentationen ein, denn erstens gibt es bereits praktikable Lösungen für diese Situation und zweitens bist du nicht daran schuld, dass es immer noch das Geld ist, was die Welt regiert!

Vor nicht allzu langer Zeit habe ich mich ebenfalls von einer Panik erfassen lassen, die den aktuellen Gegebenheiten in Politik und Wirtschaft geschuldet war – heute stehe ich über diesen Dingen. Das hat aber überhaupt nichts mit Ignoranz oder Arroganz zu tun, vielmehr ist es das gute Gefühl, dass alles bereits arrangiert ist. Die entscheidenden Antworten auf die brennenden Fragen unserer Zeit habe ich meist jenseits des multimedialen Mainstream („Hauptströmung") gefunden – das kannst du auch. Dabei handelt es sich allerdings <u>nicht</u> um eine umfassende Vorwegnahme der Zukunft, sondern um viele tolle Ideen von kompetenten Menschen, die sich der Allgemeinheit verpflichtet fühlen und zu ihren Ansichten stehen.

Diese Menschen und ihre Sympathisanten werden täglich mehr. Man muss also nicht unbedingt ein Prophet sein, um die damit verbundene Entwicklung abzusehen. Ein geradezu revolutionärer Teil solcher Veränderungen ist die Umkehr des Prinzips der Rationalität. Nicht diejenigen, die das universelle Bewusstsein als existent ansehen, werden die Verlierer heutiger Geschichte sein, sondern deren Widersacher – der „gesunde Menschenverstand" ist erwachsen geworden. Wenn erst die etablierten Bildungssysteme zeitgemäß verändert sein werden, wird es vermutlich nur noch Sieger geben. Es macht mich richtig froh, dass es sehr viele Menschen geben wird, die ihren ganz persönlichen Sinn des Lebens gefunden haben werden, indem sie einfach glücklich sind.

Und damit nicht genug - es kommt noch besser: Auch du kannst - zumindest ein wenig - hellsehen! Genauer gesagt sind fast alle Menschen in der Lage, für eine Dauer von etwa sechs Sekunden besonders gute oder schlechte Veränderungen in ihrer unmittelbaren Umgebung vorherzusehen. Erstaunlicherweise ist es nicht dein Gehirn, was sich dabei zuerst "meldet", sondern dein Herz. Das haben Forscher des renommierten HeartMath-Instituts (USA) heraus gefunden. Das bedeutet aber nicht, dass es einen "absoluten Freibrief" für Wahrsagerei und ähnliches gibt. Immerhin sollte es jedoch Anlass genug sein, einen klischeehaften Generalverdacht gegenüber hellsichtigen Menschen entschieden abzulehnen.

Zusammenfassend können wir sagen, dass es erst das Bewusstsein ist, das uns große Dinge denken und tun lässt - während unsere Physis fast blind in einem gigantischen Universum agiert, das wir niemals ganz verstehen werden. Ohne den

Glauben an den universellen Geist hätten wir allen Grund zu einem destruktiven Pessimismus, der auf keinen Fall der menschlichen Würde gerecht werden kann. So gesehen hast du gar keine wirkliche Wahl - die Verbindung mit dem kosmischen Bewusstsein gibt dir schließlich einzigartige Einsichten und Teilhabe an der globalen Macht. Die besten Voraussetzungen dafür bietet eine gute Allgemeinbildung.

Falls du aktiv und selbstbewusst an diesen Prozessen teilnehmen möchtest, muss ich an dieser Stelle auf weiterführende Veröffentlichungen verweisen. Diese findest du unter anderem mit den Stichworten „Quanten-Kommunikation" oder „Bewusstsein" im Fachhandel und im Internet.

Sollte es dir schwerfallen, dir eine Intelligenz außerhalb aller menschlichen Gehirne vorzustellen, dann lass dir helfen – da steckt Zukunft drin. Das Verblüffende in diesem Zusammenhang ist die Leichtigkeit, mit der du den „Schalter im Kopf" umlegen kannst von „Drohendem Zusammenbruch" auf „Goldene Ära"!

Wenn das erst einmal erledigt ist, wird sich dein Leben verändern. Da habe ich noch eine große Bitte an dich: Berichte allen dir bekannten Leuten von deinen Erfahrungen mit dem neuen Denken!

Die neue Annäherung von Weltsichten

Was die Gier für das globale Geldsystem ist, ist das Machtstreben für die Politik: Ein Lebenselixier. Das ist dann auch der einfache Grund, warum sich die neue Supermacht nicht nur in „frommen Hinterstübchen", sondern als globales Leitprinzip etablieren wird. Auffallend bei der Sache ist der Umstand, dass diese Supermacht eigentlich schon immer da war – oder etwa nicht?

Freilich kann man sich beim persönlichen Verständnis von „Supermacht" in endlosen Definitionen ergehen, einfacher ist es allerdings, das zusammengesetzte Wort aus seinen zwei Bestandteilen zu erklären - dann stimmt alles. Neu an dieser Supermacht ist unter anderem, dass man sie in der Zukunft weder „totschweigen" noch missbrauchen kann. Letzteres beruht darauf, dass sich über sieben Milliarden Menschen nicht so einfach für dumm verkaufen lassen, wenn die

Machtmechanismen erst einmal transparent gemacht worden sind.

Vielleicht hältst du es für übertrieben, wenn
ich von einer unmittelbar bevorstehenden „Gol-
denen Ära" spreche. Obwohl meinerseits ein gutes Stück Gottvertrauen mit im Spiel ist, kann ich
dir versichern, dass genug Ressourcen vorhanden
sind, um (bei richtiger Verteilung) einen mehr
oder weniger bescheidenen Wohlstand und menschenwürdige Umstände für alle Menschen in
angemessener Zeit zu schaffen. Und was hat es
dann mit diesen furchtbaren globalen Krisen auf
sich?

Um es kurz zu machen: Ein Teil der Menschheit hat viele Billionen Schulden bei einem anderen Teil der Weltbevölkerung. Um den (gewollt
inszenierten) Schwachsinn komplett zu machen,
sind es die Superreichen, die nahezu unbegrenzte
Schulden vom Rest der Menschheit einfordern.
Auf den ersten Blick könnte man wirklich denken, dass ein gigantischer Krieg „Arm gegen
Reich" (also Klassenkampf) die zwingende Folge
wäre - Gott bewahre uns davor! Nein, die Wei-
chen in Richtung einer wundervollen Zukunft
sind bereits gestellt und wir müssen nur recht-

schaffen und anständig weiter leben und arbeiten – dann wird alles gut.

Um es noch einmal ganz klar zu sagen: Niemandem soll etwas weggenommen werden – vielmehr geht es darum, neue Regeln und Gesetze so zu schaffen, dass uns der sterbende Kapitalismus keine unerwünschten Geschenke zurücklassen kann.

Die zukünftigen Ordnungen in Gesellschaft und Wirtschaft werden eine Eigenschaft gemeinsam haben: Sie sind keinem der bestehenden oder vergangenen Systeme so ähnlich, dass ein direkter ganzheitlicher Vergleich berechtigt wäre. Beispielsweise befassen sich schon seit geraumer Zeit viele Wissenschaftler mit der Verteilung des Geldes auf soziale Gruppen vom regionalen bis zum globalen Maßstab. Diese Fachleute wissen ziemlich genau, wo sich kapitalistische Auswüchse oder ungerechtfertigte Massenverarmungen abspielen. Von da aus ist es nur ein kleiner Schritt bis zum Eingang dieses Fachwissens in das „Kollektive Gedächtnis", was unweigerlich zur Folge hat, dass die Politiker von morgen hier im Zugzwang sind.

Falls du im Fachgebiet „Finanzen" nach mehr Informationen recherchieren möchtest, kann ich dir die Stichworte „Zins", „Spekulation" und „Bedingungsloses Grundeinkommen" empfehlen: In dem sonst recht trockenen Stoff kann man dabei unglaubliche Entdeckungen machen!

Hast du schon einmal darüber nachgedacht, warum immer mehr Menschen in modernen Industriestaaten an psychischen Krankheiten leiden? Die üblichen Antworten von Medizinern bleiben meist sehr oberflächlich. Wie wäre es sonst zu erklären, dass beispielsweise Stress auf manche Menschen geradezu verheerend wirkt, während andere Personen darüber nur lachen können? Die Verfechter des „positiven Denkens" werden da schon etwas konkreter und sie konnten so schon vielen Betroffenen helfen. In dieser Sache gehe ich noch einen Schritt weiter und behaupte, dass man nur konsequent die erste Regel der geistigen Selbstfindung anzuwenden braucht, um die meisten psychischen Krankheitsauslöser einfach auszuschalten.

Dabei ist der „Wettbewerb" oder das „Spiel" dein ganzes Leben und du bist der unangefochtene Herrscher über alle deine Gedanken und bewusst gemachten Gefühle – lass dir das auf keinen Fall ausreden! Das gilt natürlich auch dann noch, wenn du einige wenige Kompromisse machen musst, um gesellschaftsfähig zu sein und zu bleiben.

Selbst wenn du dich derzeit nicht zu den Betroffenen zählst, kannst du dir ja mal die Teilnehmer an den „Paralympics" anschauen. Diese schwerbehinderten Menschen kämpfen und siegen doppelt: Neben den sportlichen Erfolgen zeigen sie bewundernswerte Charakterstärke – das soll ihnen erst einmal jemand nachmachen! Genau so sollte man besser an alle negativ empfundenen Sachverhalte im Leben herangehen, die eigenen Denkregeln umkrempeln und zum Siegertypen werden!

Was du sonst noch für ein „gefühltes Allzeit-Hoch" brauchst, ist Medienkompetenz. In unserer heutigen schnelllebigen Zeit ist es weder erforderlich noch sinnvoll, grundsätzlich vom Medienkonsum abzusehen. Allerdings sollte man einige persönliche Hintergedanken damit verbinden, um nicht zum Opfer vorgefasster Meinungen zu werden. Junge Leute sind dabei oft im Vorteil, denn dieses Wissen kann man seit einigen Jahren in der Schule erwerben.

Hier nur ein Beispiel: Ein Fernsehsender berichtet über einen neuen Computer-Virus im Internet, von dem weltweit fünfzigtausend Rechner betroffen sind - das klingt erst einmal gewaltig. Wer also über einen Internet-Zugang verfügt, sollte einen aktuellen Virenschutz haben. Aber zur Panik gibt es keinen Grund - bei über fünfhundert Millionen Haushalten mit Zugang zum Web sind das gerade einmal 0,01 Prozent!

Beinah hätte ich es vergessen: Natürlich ist das liebe Geld ein wichtiger Faktor bei der Meinungsbildung - wenn auch leider viel zu oft jenseits jeder Moral. Wie dem auch sei - wenigstens kann niemand seine Seele verkaufen, denn sie gehört Gott.

„Die Wurzel allen Übels ist die Spekulation. Fremdfinanzierung. Unterm Strich heißt das: Überschuldung ohne Ende. Und ich sag euch das nur ungern, aber dieses Geschäftsmodell führt zum Bankrott - es geht nicht. Es ist systemisch, bösartig und global - wie Krebs. Es ist eine Krankheit und wir müssen sie bekämpfen."

Quelle: „Wall Street 2 - Geld schläft nicht", USA 2010

Allerdings lässt der Film die Frage offen, wie solch eine „Bekämpfung" aussehen sollte. Obwohl mir einige gut argumentierte Alternativen und noch mehr gute Ansätze bekannt sind, kann und will ich kein Finanzberater sein. Trotzdem möchte ich dich vor den „falschen Propheten" aus der Finanzwelt warnen, die allen Leuten erzählen, dass Geld arbeiten könnte und eine menschenwürdige Gesellschaft nicht finanzierbar sei.

Das Problem der ungleichen Verteilung des Geldes ist schon seit langer Zeit bekannt, getan hat sich aber nichts Wesentliches – ganz im Gegenteil. Um den sozialen Frieden in unserer Region auch in Zukunft zu sichern, muss sich also einiges tun. In Deutschland kann und darf man gewaltfrei für die gerechte Verteilung des Volksvermögens kämpfen, denn auch das entspricht Sinn und Buchstaben des deutschen Grundgesetzes. In vielen anderen Ländern ist die Situation ähnlich.

Damit ist nun auch eine sehr bodenständige Auffassung von Zukunftsfähigkeit umrissen, so dass man von klaren Vorstellungen menschlichen Fortschritts auf mehreren Ebenen des Bewusstseins ausgehen kann. Doch wie geht das irdische Tun der Menschheit mit dem universellen Bewusstsein zusammen? Sind wir in einer Art „Matrix" oder in einem göttlichen „Plan des Schicksals" gefangen? Oder ist unsere Zukunft nur von uns selbst abhängig?

Mit den üblichen Antworten auf diese Fragen („Niemand kennt die Antwort.", „Das weiß Gott allein.") wirst du sicher nicht allzu viel anfangen können. Als ich vor mehreren Jahren an diesem Punkt angelangt war, wollte ich es unbedingt genauer wissen. Und ich habe tatsächlich Antworten bekommen, die deutlich konkreter waren. Dazu habe ich ein paar kleine virtuelle Welten entworfen und damit experimentiert (ich habe Informatik studiert).

Im Ergebnis der Versuche zeigte sich, dass es mehr verwertbare Rückschlüsse gab, als ich geplant hatte. An dieser Stelle begriff ich endlich, dass es bei näherer Betrachtung keinen Sinn macht, nach weiteren irgendwie definierten Wahrheiten zu suchen. Diese menschlichen Unvollkommenheiten dienen fast immer nur ihrem Urheber.

Viel interessanter finde ich mittlerweile die Erkenntnisse darüber, was wir alles <u>nicht</u> sind. Zunächst scheint es so, als wäre der Unterschied zur Wahrheitssuche kaum erkennbar, schließlich ist diese Methode auch nicht unfehlbar. Dabei ist bestimmt alles nur eine Frage der Zeit: Verbunden mit der Annahme einer einzigen Wahrheit und nur einer Vollkommenheit ist das Mysterium der Zeit undenkbar. In der absoluten Vollkommenheit wäre jede Bewegung eines Elementarteilchens irgendwo im Universum ein Schritt <u>aus der Perfektion heraus</u> und deshalb nicht möglich. Wenn du die Wahl hättest zwischen einem universellen Stillstand und einem definitiv unvollkommenen Leben – was würdest du vorziehen?

Dein letzter Gedanke war leicht zu erraten. Wenn du dieses „Bild" mal so stehen lässt, fühlst du dann auch eine gewisse Kälte in einer streng wissenschaftlichen Betrachtung? Dagegen erscheint der gekreuzigte und auferstandene Jesus wie wilde Romantik und hat ja wohl auch eindeutig mehr Ausdrucksstärke.

„Jesus spricht: Selig (sind), die reinen Herzens sind, denn sie werden Gott schauen."

Matthäus-Evangelium 5:8

Der Umstand, dass Gott auch für dein Leben einen Plan hat, nennt sich Schicksal – es ist jedoch weniger eine Beschränkung, sondern ein spezielles Angebot von Möglichkeiten. Immer wieder im Leben wirst du Entscheidungen treffen müssen - es ist diese Summe von gewählten Möglichkeiten, die letztendlich aussagen, ob und wie du dein Schicksal bewusst in der Zeit gelebt hast. Und was immer dir auf deiner Zeitreise begegnen mag - du hast alle nur denkbaren Chancen auf ein Leben in Glück und Fülle. Mit irgendeiner Art von Scheinheiligkeit ist es aber auf keinen Fall getan; Gott kennt jeden deiner Gedanken noch bevor du ihn aussprichst.

Dabei kannst du allerdings darauf zählen, dass Gott dich niemals verraten wird - zumindest diese Erkenntnis über das Wesen Gottes ist über die Jahrtausende und durch Milliarden von Gläubigen immer wieder beschrieben worden.

Lass dich bitte nicht davon irritieren, dass ich öfter mitten im Text die Betrachtungsseite (religiös oder weltlich) wechsele: Diese Praxis wird sicher in ein paar Jahren ganz normal sein in einer wirklich freien und toleranten pluralistischen Gesellschaft. Das bedeutet nicht, dass es immer richtig wäre, verschiedene Wörter beliebig zu „verbiegen" - bei allem Respekt vor den Lehrern dürfte das aber kein allzu großes Problem darstellen.

Natürlich bleiben Wissenschaft und Religion verschiedene Sachverhalte mit entsprechenden Regeln und Traditionen. Entscheidend sind jedoch die Gemeinsamkeiten, die man überall - mit Ausnahme der höchsten (göttlichen) Ebene - finden kann, wenn man nur ernsthaft danach sucht.

„Mit diesem neuen Verständnis von Physik und Bewusstsein können wir das Verständnis von Gott revolutionieren."

David Sereda in „Quantum Communication" (DVD, USA 2010)

Sicher klingt das recht gigantisch - mit Absicht. Denn die theoretische und praktische Beweislast ist in der Tat so gewaltig, dass du ruhig davon ausgehen kannst, dass hier eine große und schöne Zukunft ihren Anfang gefunden hat. Und es gibt keinen Weg zurück.

Euphorie oder Demut?

Eigentlich ist diese Frage zu allgemein, denn wir sollten wohl besser beides haben - nur immer in der richtigen Situation. Im Angesicht verschiedener Sachverhalte ist sicher Demut angebracht - spontan fallen mir da Gottheiten, Naturgewalten, eigene Fehler und die Urgründe menschlichen Lebens ein. Das ist freilich keine vollständige Aufzählung - weitere Antworten kannst du selbst hinzufügen, wenn du in dich „hinein hörst" oder meditierst.

Viel breiter aufgestellt ist dein persönliches Glück, auch falls du erst mal anderer Ansicht sein solltest. Der Grund dafür ist meist darin zu suchen, dass zu viele wunderbare Sachen als selbstverständlich angesehen werden. Hinzu kommt, dass kaum jemand davon spricht, wie viele Missgriffe dem konkreten Glücksmoment zuvor gegangen sind.

Es kann viele Gründe haben, warum sich Menschen glücklich fühlen, einer davon ist Dankbarkeit. Um dankbar zu sein bedarf es eines Grundes - darüber gibt es öfter Irritationen und Missverständnisse, vor allem bei der religiösen Auffassung des Dankes gegenüber dem Schöpfer.

Nur bei oberflächlicher Betrachtung der Sache scheint es egal zu sein, ob du Gott dankbar bist oder nicht - schließlich gibt es da noch eine Menge Ärgernisse auf der Welt, für die sich Gott auf keinen Fall entschuldigt. Natürlich kann ich dir auch keine Auskunft geben, was den tieferen Sinn des Negativen ausmacht. Doch ich sehe bereits in dem hohen Niveau dieser Diskussion einen Grund für Dankbarkeit: Was wären wir schon ohne die wundervollen Möglichkeiten des Denkens, der Fantasie und der Selbsterkenntnis?

An dieser Stelle möchte ich noch einmal zurückkommen auf meine Experimente mit virtuellen Welten, die ich schon erwähnte und die bereits vor Jahren veröffentlicht wurden. Mittlerweile ist damit einiges passiert: Unter anderem kam es dazu, dass sich ein paar angesehene Wissenschaftler meine Arbeit angeschaut und mit ihren Erkenntnissen verglichen haben. Auch wenn ich von der theoretischen Beweisführung in der Wissenschaft so gut wie nichts verstehe, war ich doch einigermaßen erstaunt darüber, dass meine Resultate von den Experten als „zutreffend" eingeschätzt wurden.

So hat das Ganze zur Folge, dass es auch für dich persönlich einen guten Grund zur Euphorie gibt, denn deine schönsten Träume können wahr werden! Meine Erfahrung sagt mir, dass es einen großen Unterschied macht, ob man an tolle Möglichkeiten nur glaubt oder ob man konkret weiß, wie einige wichtige Details funktionieren. Ein klassisches Beispiel ist die Hypnose - es ist noch nicht allzu lange her, dass man seitens der Schulmedizin die Hypnose als „Schabernack" bezeichnete.

Heute wird sie als anerkannte medizinische Methode von allen Krankenkassen bezahlt.

Eine andere interessante Frage ist die nach der biologischen Weiterentwicklung des Menschen. Als absoluter Nicht-Mediziner behaupte ich mal, dass jede der etwa 100 Billionen Zellen in deinem Körper (spektrum.de) die Möglichkeit einer genetischen Höherentwicklung bereits in Form von sogenannter „nicht-kodierender DNS" in sich trägt.

„Des Menschen Wille ist sein Himmelreich."

Johann Jakob Wilhelm Heinse, dt.
Schriftsteller (1746 - 1803)

Dabei ist es doch gar nicht so schwierig, einen anderen Menschen glücklich zu machen. Jedenfalls ist auch hier wieder Gott das Maß aller Dinge: Kürzlich führte ich auf einer christlichen Internetseite eine Umfrage durch - die klare Mehrheit (etwa 75%) gab an, dass ihre Gebete (meist mehrfach) erhört wurden.

Die Supermacht betritt die Bühne

Das universelle Bewusstsein wird von einigen bekannten Wissenschaftlern gern das „Meer aller Möglichkeiten" genannt – mir gefällt dieses Sinnbild und vielleicht kann es auch deine Fantasie anregen. Ein paar Wochen lang habe ich mich um dieses Kapitel gedrückt, weil mir die richtigen Worte fehlten, um nicht als „Klugscheißer" da zu stehen. Und jetzt brauche ich deine geistige Unterstützung: Falls ich dich nicht überzeugen kann, musst du mir einfach glauben – ich bitte dich darum.

Zunächst möchte ich dir einen ziemlich alten Witz erzählen, bei dem Lachen keine „Pflicht" ist:

In der Firma Microsoft wird gerade mit künstlicher Intelligenz experimentiert. Bill Gates gibt in seinen Rechner eine Frage ein: **„Gibt es einen Gott?"**. Nach langem Warten antwortet der Computer: „Unzureichende Kapazität!".

Gates verbindet seine Maschine daraufhin mit dem Firmennetzwerk und stellt noch einmal die gleiche Frage - das Ergebnis bleibt aber unverändert.

Gates wählt sich nun ins Internet ein und probiert das Ganze erneut. Rund um den Globus laufen die Drähte heiß, dann erscheint das Resultat: **„Jetzt: JA!"**.

Der mehrdeutige Gag löste damals unter anderem auch heftige Kritik aus, manche sahen darin eine Form von Gotteslästerung. Meine Deutung war eine andere – weder Bill Gates noch das Internet waren danach mit „Gott" gemeint, sondern ein Gedankenblitz erreichte einfach große Menschenmassen mit dem „Aha-Effekt". Amen.

Jetzt möchte ich dir von einem Traum erzählen, den mir Gott vor einiger Zeit schenkte. Es begann damit, dass ich mir eine historische Dokumentation im Fernsehen ansah. Martin Luther King hielt da seine berühmte Rede **„I have a dream..."** - sozusagen ein „Traum im Traum". Und dann sah ich mich, mitten in der Menge und mit ziemlich dunkler Haut - zu dieser Zeit war ich allerdings noch gar nicht geboren. Nach dem

Film wollte ich eigentlich ins Bett gehen, doch es kam alles anders.

Es klingelte an meiner Haustür und ich ging los um nachzusehen, wer da war. Als ich die Tür öffnete, fiel mir vor Überraschung die Zigarette aus dem Mund: Es war Mister King!

Er lächelte mich an und fragte: „Sind sie der Prophet?". Völlig verwirrt antwortete ich: „Nein, ich bin kein Prophet - sie müssen sich irren!". Mit einer väterlich wirkenden Geste fuhr er unbeirrt fort: „Sie sind doch Jens-Jörg Plep, der Autor - oder etwa nicht?". Du kannst dir sicher vorstellen, wie ich mir vorkam - das ging nun wirklich zu weit!

Ich stotterte: „Ko-Kommen sie rei-rein, bitte!". Dabei hatte ich nie zuvor gestottert. Im TV lief noch der Abspann der Dokumentation, mein unheimlicher Gast fing an zu grinsen: „Ach ja - der gute alte Martin Luther King - mit ihm werde ich oft verwechselt. Mein Name ist John Goldman und ich bin Wirtschaftsprofessor an der University of Washington in Seattle. Ich habe ihr Buch gelesen und wollte sie jetzt einfach mal persönlich kennen lernen. Aber meine Reise hat noch ein weiteres Ziel, das uns allen mehr oder weniger Kopfzerbrechen bereitet - das Geldsystem. Wenn uns nicht bald etwas richtig Gutes einfällt, fliegt uns noch die ganze Finanzwirtschaft um die Ohren!".

Irgendwie seltsam - von Finanzen verstehe ich bekanntlich nur wenig und mir war nicht klar, welche Zusammenhänge dahinter stecken könnten. Na ja - Träume brauchen wohl keine Logik. Trotzdem war ich gespannt, wie dieser Traum enden würde.

Nun stellte ich dem Professor ein paar Fragen: „Was habe ich mit dem Geldsystem zu tun? Wer ist ihr Auftraggeber? Und was sollte die Frage, ob ich der Prophet sei?". Mein amerikanischer Besuch wirkte plötzlich sehr ernst, ich bot ihm ein Glas Mineralwasser und eine Zigarette an, letztere lehnte er ab. Dafür versuchte ich vergebens, mit einem Glimmstängel meiner Nervosität Herr zu werden.

„Okay, Herr Plep - sie haben ein Recht auf diese Information. Mein Auftraggeber ist die Regierung der Vereinigten Staaten von Amerika. Ich habe ihr Buch gelesen und dachte mir, dass sie sich vielleicht geehrt fühlen würden, wenn ein Leser auf ihre prophetische Gabe eingeht. Sie müssen wissen, dass ich ein sehr gläubiger Mensch bin." Ich winkte ab: "Als ich das schrieb, hatte ich nur wenig Ahnung von Religion. Mittlerweile würde ich einige Sachverhalte ganz anders beschreiben, doch im Grunde haben sie recht."

Herr Goldman warf mir einen Blick zu, als wäre er ein Hund und ich sein Herrchen. Er sagte: „Es wäre naiv anzunehmen, dass es den USA egal ist, was man in der Weltöffentlichkeit zum Thema Supermacht so diskutiert. Sie selbst haben bei den entsprechenden Agenturen schon öfter ein Lämpchen zum Leuchten gebracht. Verstehen sie das bitte nicht falsch – ich hätte das nicht so gesagt, wenn ich irgendeinen Verdacht gegen sie hegen würde." Ach du lieber Himmel – da war ich wohl in der Tat ein wenig zu blauäugig gewesen. Hoffentlich bin ich dort nicht in der gleichen Kategorie gelandet wie Terroristen und religiöse Fanatiker! Das muss ich unbedingt klären! Dann erwachte ich.

Würdest du wegen so einem Traum dein Verhalten ändern? Ich jedenfalls nehme den Traum ernst, es macht kaum Mühe. Unterstützung dafür finde ich unter anderem bei einem engen Freund, den ich beim Studium kennenlernte und der meinen Glauben teilt: Ben Georgeo. Ihm ist es wieder mal gelungen, seine enormen Fähigkeiten auf allerhöchster Ebene ins Spiel zu bringen – er arbeitet für eine international sehr angesehene Ideenschmiede als Vizepräsident und Leiter der Expertengruppe „Neugestaltung der digitalen Welt".

Einmal wöchentlich treffe ich mich mit Ben, um über Gott und die Welt zu reden – aber auch über unsere technischen Möglichkeiten. Kürzlich hat er mich überrascht – ausgerechnet mit dem Thema „Geld"!

Hier der kurze Dialog:

- Ich: „Wie wollt ihr die Macht der Superreichen dieser Welt brechen?"

- Ben: „Mit noch mehr Geld! Lieber wäre es unseren Finanzexperten allerdings, wenn die Multi-Milliardäre angesichts der Tatsachen bereits vor dem Breakpoint freiwillig einlenken..."

- Ich: „Welche Tatsachen?"

- Ben: „Unsere unbegrenzt verfügbaren Webressourcen können ohne Limits wachsen – auch ganz ohne Spekulationsblasen. Mit unseren geistigen Anlagen veredeln wir unsere Domains und erhöhen den Wert der Inhalte."

- Ich: „Und wer sagt euch, dass das funktioniert?"

- Ben: „Jesus natürlich! Und es gibt darauf kein Patent – frag ihn doch selbst!"

Auch wenn dir das jetzt vielleicht zu einfach vorkommt – ich spare mir die Nachfrage, denn mein Gottvertrauen kennt keine Ausnahmen. Zudem bin ich davon überzeugt, dass die Errettung der Welt durch Jesus keine „One-Man-Show" sein wird. Und Ben hat die gleiche Bibel wie ich.

Jesus: „Weiter sage ich euch: Wenn zwei von euch auf Erden um irgendetwas einmütig bitten, wird es ihnen von meinem himmlischen Vater zuteil werden.
Denn wo zwei oder drei in meinem Namen versammelt sind, da bin ich mitten unter ihnen."

Volksbibel 2000, NT, Mt. 18, Verse 19 und 20

Wenn du nun denkst, dass uns Christus bildlich erschienen wäre, muss ich dich enttäuschen. Nicht weniger motivierend ist allerdings das tiefe Empfinden der Wirkung des Heiligen Geistes, wenn sich gläubige Menschen in die Augen sehen. Was wir da sehen, ist Gottes pure Liebe; eine Liebe, die frei ist von Trieben und dem alltäglichen Kleinkram. Das ist es, was du wirklich gut gebrauchen kannst - wenn du es einmal erlebt hast, wirst du dich immer danach sehnen.

„Und die Gläubigen aus den Juden, die mit
Petrus gekommen waren, entsetzten sich, dass
auch auf die Heiden die Gabe des Heiligen
Geistes ausgegossen ward…“

Apostelgeschichte 10:45
Luther Bibel 1545

Visionen - ein Mysterium?

Wer schon einmal einen Business-Plan erstellt
hat, kennt auch das Kapitel „Mission und Vision“
und weiß, dass dieses Thema keinesfalls nur etwas für klischeehaft schrullige Sonderlinge ist.
Ganz im Gegenteil: Wer wirtschaftlich oder poli-
tisch erfolgreich sein möchte, kommt nicht um-
hin, sich sehr konkret mit diesem Sachverhalt zu
befassen.

„Denn wer da weiß Gutes zu tun, und tut's
nicht, dem ist's Sünde.“

Jakobus 4:17 - Lutherbibel 1912

Wenn du noch nie eine Vision hattest und diese Situation ändern möchtest, kann ich dir wahrscheinlich helfen. Obwohl Visionen letztendlich Fantasieprodukte sind, muss man kein „Super-Kreativer" sein, um sie zu entwickeln. Mach es einfach so wie Politiker oder Wirtschaftskapitäne: Lass andere für dich denken! Ein fiktives Beispiel aus der Politik wird dir zeigen, dass du nur am Ende des Prozesses richtig aktiv werden musst, damit dir auch der Erfolg gehört.

Stell dir vor, du bist (angehender) Politiker und willst dich für eine Kandidatur fit machen. Zunächst willst du dich der wirtschaftlichen Zukunft deiner potenziellen Wähler widmen. Suche dir dazu ein passendes Netzwerk aus (beispielsweise Xing oder LinkedIn), werde Mitglied und such dir Kontakte, die von ihren Profilen her zu deinem Projekt passen (du bekommst dazu Hilfe vom Netz). Fall aber nicht mit der Tür ins Haus, sondern beteilige dich an Gruppen und mach dich erst einmal bekannt. Wenn dieser Schritt gut gelungen ist und deine Kontakte eine Erwartungshaltung zeigen, bringst du deine Ambitionen ins Spiel. Du eröffnest dann eine Umfrage oder Diskussion darüber, dass bis zum Jahr 2027 die

Mehrwertsteuer auf 30% angehoben werden soll und im Gegenzug Hartz IV und alle anderen Sozialleistungen durch ein Bürgergeld von 1200 € monatlich ersetzt werden. Der Wirtschaft bietest du großzügige Unterstützung bei der Anpassung von Löhnen und Gehältern an.

Nun wartest du einfach auf erste Reaktionen und wertest diese aus. Wir nehmen jetzt einfach mal an, dass die meisten Antworten positiv ausgefallen sind (ansonsten ersetzt du die Vorgaben durch Werte, die eher akzeptiert werden könnten). Wenn der Wahlkampf näher rückt, machst du einen neuen Vorschlag: Für 2020 siehst du die Mehrwertsteuer bei 23% und das Bürgergeld bei 1250€ - deine potenziellen Wähler sind glücklich, selbst wenn sie sich viel mehr vorgestellt hatten! Die meisten werden auf deine Karriere gespannt sein - auch wenn die Wahl für dich nur mittelmäßig ausfallen sollte. Dann brauchst du einfach noch den längeren Atem; oder du kümmerst dich mehr um deine Partei oder Initiative.

Falls dir dabei das Wort „wenn" zu oft vorkommt: Entschuldige bitte, es geht um eine Vision und nicht um Zauberei. Natürlich gehört auch immer eine Portion Glück dazu. Wer sich darauf nicht einlassen möchte, kann nach meinen Erkenntnissen nur noch beten, denn Schmiergelder oder falsche Titel will ich dir nicht vorschlagen...

Unvergleichlich, dieser Gott!

Wir, die erfahrenen IT-Insider dieser Welt, hatten uns vor einigen Jahren erheblich verrechnet bei unseren Betrachtungen zur künstlichen Intelligenz. Konkret waren wir davon ausgegangen, dass sich menschliche Nervenzellen (Neuronen) mit nur wenigen Bytes an Code und Daten zufriedenstellend simulieren lassen. Zunächst sah auch alles ganz gut aus - die von uns geschaffenen „neuronalen" Netze zeigten Lernleistungen, wenn auch nur sehr bescheidene. Doch je weiter wir diese Netze entwickelten, desto offensichtlicher wurden deren Mängel.

Weil aber die positive Sichtweise auf dieses Szenario - zumindest damals - gut ins Bild und auch zur Brieftasche passte, erhielten wir den Anschein aufrecht. Recht bekannt ist noch ein Experiment von 1996, bei dem ein Supercomputer einen Weltmeister im Schach besiegte. Ohne diversen Schachspielern zu nahe treten zu wollen, muss man jedoch sehen, dass das Schachspiel nur relativ wenige Regeln kennt, die sich obendrein noch recht einfach digitalisieren lassen. Dagegen liefen komplexere Aufgaben mit realistischen Bedingungen (beispielsweise heterogene Analog-Digital-Strukturen) meist enttäuschend - bis hin zum totalen Versagen.

Vielleicht fragst du dich jetzt, wie man diesem Dilemma entkommen kann. Da ist ja noch die Unendlichkeit des Universums, was eine in jedem Detail realistische Simulation unmöglich macht. Doch Moment mal! Ich hatte schließlich gesagt, dass nichts unmöglich ist.

Der Teufel steckt wieder einmal im Detail – trotz Prototyping und Virtualisierung sind wir sehr weit von einer Lösung entfernt und können angesichts des Selbstbeschreibungsproblems und der Echtzeitvorgabe keinerlei sichere Aussage treffen. Wenn es aber doch irgendwie geht, dann nur, weil die göttliche Wahrheit göttlich bleibt.

Was nutzbar ist, sind die Erfahrungen mit Virtueller Realität - sie zeigen deutlich, dass es in der Verwendung von Software-Methoden viele Parallelen zur Wirklichkeit gibt. So bin ich - wie auch andere vor mir - der Ansicht, dass die Vorgänge in unserer Welt mit der Software in einem Computer vergleichbar sind - und zwar mit allen zugehörigen Attributen. Das ist gar nicht weiter verwunderlich - schließlich wurden Programmiersprachen vor allem für das universelle Management von Wissen geschaffen.

„Im Grunde gibt es Materie gar nicht.
Jedenfalls nicht im geläufigen Sinne. Es gibt nur ein Beziehungsgefüge, ständigen Wandel, Lebendigkeit."

Prof. Dr. Hans-Peter Dürr
P.M. Magazin (Mai 2007)

Für die Fans der künstlichen Intelligenz (KI) gibt es einen kleinen Trost: Eine Kombination von Mensch und Maschine kann eindeutig intelligent arbeiten. Maschinelles Denken als „Kopie" menschlichen Denkens halte ich ohnehin für sehr fragwürdig.

Jedes Ende ist ein neuer Anfang

Oftmals haben die Worte „Ende" oder „Endzeit" etwas sehr Unheilvolles zum Gegenstand, dem man sich nur schwer entziehen kann. Die jetzt zu Ende gehende Ära wird auch gern in den Medien mit Angstgefühlen befeuert. Dazu sollte man besser wissen, dass verängstigte Menschen leichter beeinflussbar sind und wer wirklich in diesem „Drama" die Verlierer sein könnten: Wir jedenfalls nicht!

Die guten Zeichen einer neuen Ära werden langsam in allen Bereichen des Lebens sichtbar, man muss sie nur sehen wollen. Da gibt es Unternehmer, bei denen das Thema „Ausbeutung" von gestern ist. Und Politiker, die die Prinzipien der Menschlichkeit über alles stellen. Es gibt auch gläubige Menschen, die begriffen haben, dass göttliche Allmacht verschiedene Sichtweisen auf ein und dieselbe Sache mit einschließt. Wir beide wissen ja, dass jeder Mensch ein Wunder ist - es können nur sehr dumme Menschen sein, die ein Wunder beschimpfen, beleidigen, schlagen oder töten!

Nachdem wir wissen, wie Visionen geschaffen werden, möchte ich mit dir einen kleinen Zeit-sprung vorwärts machen - ohne festes Zieldatum. Vielmehr wollen wir anhand der beschriebenen Umstände das zeitliche Ziel schätzen.

Es wird die Zeit sein, nachdem Jesus die Welt ein zweites Mal gerettet hat, das Jüngste Gericht die Menschheit freigesprochen hat und die Menschen so glücklich leben wie nie zuvor. Das letzte Kapitel der Bibel ist die jüngste Vergangenheit und wir schließen das Heilige Buch - es hat uns weit gebracht. Eins hat sich aber nicht verändert: Gott spricht wie zu allen Zeiten durch Zeichen, Wunder und Prophetenwort zu den Menschen.

Jesus sagte zu ihm: "Ich bin der Weg und die Wahrheit und das Leben. Niemand kommt zum Vater als durch mich."

Johannes 14:6
Volksbibel 2000

Vielleicht fragst du dich gerade, warum ich erst „die Bibel schließe", um danach daraus zu zitieren. Damit will ich bloß darauf hinweisen, dass es wichtige Unterschiede zwischen Vision, Wahrsagung, Prognose und Prophetie gibt, die ich nicht alle erklären möchte (es gibt dazu zahlreiche seriöse Veröffentlichungen).

Schreib jetzt bitte auf einen Zettel die Jahreszahl, von der du meinst, dass es die Zeit ist, von der ich gerade sprach.

Das ist kein Zaubertrick oder so - wenn die Zahl nun dort steht, ist das ein ziemlich eindeutiges Indiz dafür, dass du dir - bewusst oder unterbewusst - vorstellen kannst, dass diese Dinge wirklich passieren werden. Man kann nämlich nichts derart benennen, von dem man gar keine Vorstellung hat.

Beachte bitte, dass ich nicht beabsichtige, dieser Sache eine weiter gehende Bedeutung beizumessen.

Der Prophetenberg

Falls du dir Gelesenes gut merken kannst, wird dir vielleicht aufgefallen sein, dass ich ein recht widersprüchliches Verhältnis zur Prophetie habe. Mein Fehler in dieser Sache war wohl, dass ich mich nicht vor meinen diversen Veröffentlichungen darüber informiert habe, wie dieses Thema bei der deutschsprachigen Leserschaft ankommt. Trotzdem denke ich mit keiner Silbe daran, mir eine göttliche Gabe (für die ich sehr dankbar bin) ausreden zu lassen. Hinzu kommt noch, dass ich „nur" in der Bibel vieles über Propheten gelesen und mir daraus eine Vorstellung gemacht habe. Denn nach der Definition im Duden bin ich kein Prophet und will es auch gar nicht sein.

"Das Internet ist ein Geschenk Gottes."

Papst Franziskus I
ZEIT ONLINE vom 23. Januar 2014

Ob katholisch oder nicht: Nehmen wir ihn ruhig beim Wort und schenken wir der Welt unsere Visionen! Auf einer Webseite werde ich die besten Visionen veröffentlichen und bewerten lassen. Um mich zu kontaktieren brauchst du nur in einer Suchmaschine deines Vertrauens nach meinem Namen suchen. Dann wird der Berg zu den Propheten kommen - ich hoffe, dass du auch mitmachst: **Willkommen im Team!**